U0744659

《盐池长城保护图鉴》编委会

主 任
杨学智

副主任
殷兆平

编 委
赵彦诚　刘　涛　冒　奎

盐池长城保护图鉴

YANCHI CHANGCHENG BAOHU TUJIAN

盐池县长城保护学会 · 编

黄河出版传媒集团
阳光出版社

图书在版编目（CIP）数据

盐池长城保护图鉴 / 盐池县长城保护学会编.
银川：阳光出版社，2024.7. -- ISBN 978-7-5525
-7438-8

Ⅰ.K928.77-64

中国国家版本馆CIP数据核字第202499SC55号

盐池长城保护图鉴   盐池县长城保护学会　编

责任编辑　申　佳
装帧设计　晨　皓
责任印制　岳建宁

黄河出版传媒集团　阳　光　出　版　社　出版发行

出 版 人　薛文斌
地　　址　宁夏银川市北京东路139号出版大厦（750001）
网　　址　http://www.ygchbs.com
网上书店　http://shop129132959.taobao.com
电子信箱　yangguangchubanshe@163.com
邮购电话　0951-5047283
经　　销　全国新华书店
印刷装订　宁夏文之杰印刷科技有限公司
印刷委托书号　（宁）0030341

开　　本　889 mm×1194 mm　1/12
印　　张　14
字　　数　200千字
版　　次　2024年7月第1版
印　　次　2024年7月第1次印刷
书　　号　ISBN 978-7-5525-7438-8
定　　价　188.00元

版权所有　翻印必究

序言

盐池县长城保护学会会长　张生英

盐池县南北草原，横穿明长城。走进盐池就走进了历史，走进盐池就走进了文化。盐池县委县政府赋予我们的古历史文化、时代赋予我们的历史文化责任，使我们对长城的保护与开发看着长城、爱着长城。长城是历史留下的厚重的历史文化遗产，所以保护长城、保护长城工程、保护草原的古迹，义不容辞。保护长城又是一项造福子孙后代的幸福工程。

长城是历史留下的瑰宝，是历史造成了县委县政府对长城保护历来重视。长城保护工程是历史逐步发展、逐步进步的新生活，许多缺憾但在过去的一段岁月中，人为损毁并因为种种原因造成了长城了县委县政府总是一章一章在这进程中，长城也遭受了风沙侵蚀与遗弃，悬挂在盐池县长城堤上的古迹逐年减少，长城保护存在种种问题。

走进盐池就走进了23座古城堡，走进盐池就走进了3座长城博物馆，走进盐池就走进了169座烽火台，走进盐池就走进了4座关隘，走进盐池就走进了4道……

立碑划界，全民动员，还草还林，实施保护。基层保护组织遍布盐池长城，制订保护方案，认领长城，安然入睡，落实保护责任，禁牧退耕，投入为防沙，政府顺势而为前，徙建保护标语与议事的古迹，政府顺势发出了禁牧退耕的号召。

保护文物巡检，在册普查登记，迎来城保，对长城保护历史的新生活，记录考古年代80年代，查访，制订保护方案，认领长城，遍布盐池长城，基层保护工程保护开展了。

开发项目中开发保护。保护项目和长城文化资源得到全县多有效旅游。开发利用在盐池长城内外，社会各界文物保护组织保护，营造民间开发利用在盐池长期实施中。旅游产品开发建设项目中实施保护，造福民众，盐池日益增多长城资源得到全县旅游，美化长城，沿线国家文化公园建设项目中实施长城文化旅游。

开发利用项目日益增多有效旅游。游客日益增多得到全县旅游，落实长城资源得到全县旅游，旅游成果富有成效。

开发利用、保护、开发、陶冶明长城横穿，将朗明长城这一部盐池南北草原，进盐池就进了盐池南北草原，就进盐池，走进盐池就走进了23座古城堡，3座长城博物馆，169座烽火台，4座关隘，4道……开发利用陶冶明文化。

目录

盐池县长城保护利用概述

盐池县长城保护学会

盐池县自古即为边陲要塞，素有"灵夏肘腋，环庆襟喉"之称。秦末汉初设置昫衍县，从此进入中央朝廷政权范围。明正统八年（1443）置花马池营，弘治十五年（1502）置花马池守御千户所，正德元年（1506）改为宁夏后卫。清代为灵州花马池分州，民国二年（1913）花马池分州从灵州分出，成立盐池县制。盐池地处中原农耕文化和北方草原游牧文化的交会地带，形成了兼容并包、独具特色的文化积淀。诚信、质朴、担当、有为为盐池人的性格特征。

盐池县长城文化

盐池县境内共有隋明代长城4道，总长259公里。其中盐池县南部麻黄山至萌城有一道长城，叫固原内边。盐池县北部有3道长城，第一道称为河东墙（俗称二道边），明成化十年（1474）都督范瑾、都御史徐廷章上奏朝廷修筑，巡抚都御史余子俊督修。西起横城堡

500米处的黄河东岸，向东过横城、磁窑堡于张家边壕处进入盐池县境，与另一道明长城头道边并行至兴武营城北分开，再向东经高沙窝、花马池镇等地，过潘庄子交于定边县周台子村，全长194公里，盐池县境内46公里。河东墙修筑后，为了进一步加强防御弘治十年（1497）至弘治十四年（1501）宁夏都御史张祯叔、王珣沿河东墙外侧50米处挖了44000个"品"字形坑。第二道长城名为深沟高垒（俗称头道边），嘉靖十年（1531）兵部尚书王琼以"城离军营远，贼至不即知"为由，上奏朝廷始筑。头道边长城西自张家边壕入县境，与河东墙并行至兴武营处向南分离，经过高沙窝、王乐井、花马池，在东郭庄以东交于定边县盐场堡，县境内长68公里。河东墙与深沟高垒两道长城并驾齐驱，成为历史奇观处于宁夏长城核心地段，占宁夏长城总长的25%。第三道长城名为固原内边，弘治十五年（1502）三边总制秦纮上奏朝廷始修，至嘉靖十六年（1537），历任三边总制都进行过维修或重修，县境内长约64公里。隋长城在盐池境内约

有 78 公里。2020 年，明长城头道边被确定为首批国家级长城重要点段和长城国家文化公园（宁夏段）示范段之一。

盐池县境内有古城堡近 23 座、关楼 3 座、战台 4 座、烽燧 169 座。根据调查和文物普查，烽燧大都是明代修筑的，个别烽火台可能是汉唐时期的时期修筑的。根据烽火台的走向以及功能判别，有丝绸之路烽燧、沿长城烽燧、防秋大道烽燧等。古城堡分布在盐池县北部（花马池镇、高沙窝镇、王乐井乡）有花马池古城、安定堡古城、兴武营古城、张家场古城等 9 座，其中张家场古城历史久远，是秦末汉初的朐衍县旧址；位于白大池附近的白池县古城为唐代古城；位于惠安堡盐湖西边的西破城、北破城为西夏古城；其余均为明代古城。分布在盐池县中部（王乐井乡）有铁柱泉古城、野狐井古城（宋代）等 3 座。分布在盐池县南部（惠安堡镇）有老盐池古城、惠安堡古城、隰宁堡古城、萌城古城等 6 座，其中老盐池古城历史久远为唐代温池县旧址。深沟高垒（头道边）南边有四步、六步、七步、八步 4 个战台，均为明代军事建筑。其中八步战台较其他 3 个战台保存状况较好，目前正在保护性修复中。关楼 3 座，即兴武营关楼、安定堡关楼、长城关楼，均为明代建筑，长城关最为著名，2016 年，重新修复。有暗门 4 座，即毛卜喇暗门、兴武营暗门、安定堡暗门、花马池暗门。有堡头 1 座，位于盐池县大水坑镇东风村堡头自然村。

盐池县作为边塞要地，历朝历代的戍边将领和文人墨客在这里留下了大量的诗文，《诗经·小雅》中的《出车》《六月》等诗篇就对这里的风土人情进行了描述；秦汉时期的《小麦谣》对于这里人民的生产生活也有详细的记述。唐代骆宾王留下了《宿温城望军营》，李益留下了《盐州过胡儿饮马泉》,白居易也写下了著名诗篇《城盐州》。进入明代，盐池成为边将戍守的前沿地带，同样留下了大量的诗词、歌赋、文章，如王琼的《驻兵花马池》《九日登长城关楼》《九日登花马池城》、杨一清的《兴武营》、刘天和的《登花马池城楼》、李汶的《驻铁柱泉》《九日饮长城关》、石茂华的《中秋登长城关》等。除了诗词，还有许多著名文章，如齐之鸾的《东关门记》、管律的《铁柱泉碑》、胡侍的《铁柱泉颂》等。另外，三边总制防秋花马池，也写过大量的奏疏，如王琼的《北虏事迹》、黄嘉善的《抚夏奏议》等。

盐池自古以来盐业发达，汉代便在这里设置盐业管理机构，延续至此后的历朝历代。盐业管理机构的设置，成为盐池长城文化的重要组成部分。

盐池县长城保护

盐池县委、县政府根据《长城保护条例》的有关规定，坚持对长城、城堡、墩台保护利用的原则，1986 年盐池县文管所完成了一普工作，对盐池县长城第一次做了系统的调查、整理，厘清了盐池县长城资源情况，2007 年配合宁夏考古研究所进行长城资源调查，经国家文物局审核，对长城及其附属设施分别进行编码登记，自此，盐池县长城资源有了属于自己的身份证号。2007 年盐池县人民政府制定了《盐池县长城保护工作实施方案》，明确了长城保护属地管理原则，形成了长城保护三级管理体系。2008年开展了盐池县第三次全国文物普查工作，进一步对盐池县长城资源以及保存现状进行登记，并在基础上，于2017年建立了盐池县长城"四有"档案。

盐池县长城保护组织。盐池县文化旅游广电局是长城保护的行政管理部门，文物管理所具体负责长城保护工作。2014年盐池县成立了盐池县长城保护学会，是宁夏唯一一家民间保护长城的社会团体，被收入进《中国大百科全书》。盐池长城保护学会成立以来，担负起组织和发动民间力量开展保护长城的各项活动。2019年，由高万东、陈静夫妇创办了盐池县长城民俗博物馆，也致力于长城和保护研究工作。目前，盐池县基本形成了盐池县文化旅游广电局、盐池县文管所、盐池县长城保护学会、盐池县长城民俗博物馆等政府部门和社会团体共同保护长城的新局面。

盐池县长城保护举措。1984年和2008年，盐池县委、县政府对长城保护分别制定了属地管理为主的保护政策。县文物部门为巡查监管主体，乡镇分管领导为辖区监管主体，村级聘用保护员为巡查主体的县、乡、村三级联动监管制度。在长城墙体实行围栏保护、沿线竖立长城保护界桩、悬挂保护宣传标语、竖立长城保护标志碑等措施，使长城保护理念深入千家万户，形成妇孺皆知、全民参与保护长城的良好局面。在长城附近村庄、乡镇集市发放《长城保护条例》宣传单，举办长城保护宣讲会，组织开展长城文化活动，多方促进长城的保护。

一是加强组织领导，确保管理机构及管理制度的落实。1985年县人民政府批准成立县文物保护管理所，承担全县文物的保护与管

理工作。1986年公布明长城头道边、二道边为县级文物保护单位。1994年9月盐池县政府划定并公布长城保护范围，2000年颁布《盐池县文物保护管理办法》并在明长城两侧竖立文物保护标志，2008年盐池县政府重新划定保护范围。2013年3月盐池县长城被公布为第五批全国重点文物保护单位，2014年9月自治区政府公布保护范围和建设控制地带，2016年盐池县文物局聘任6名长城保护员定期对长城及其附属建筑进行巡护，2020年11月长城头道边被公布为第一批国家级长城重要点段，2022年5月盐池县成立宁夏首批长城保护志愿巡护队，不定期对长城进行巡查保护。

二是加大宣传，提高群众的保护意识。多年来，盐池县文物管理部门经常深入长城沿线的村庄进行文物保护法律法规的宣传，通过刷写宣传标语、印发宣传资料、与群众座谈交流等方式，不断提高群众自觉保护长城的意识。由于宣传及时有效，近年来，群众不仅能够自觉保护长城，而且能够及时制止并向文物管理部门报告外来人员破坏长城的事件。

三是加大日常监管，及时打击破坏长城的不法行为。坚持定期不定期巡查，对重点区域、重点部位 坚持动态监测，及时对濒临坍塌段落编制保护修缮计划书，申请国家专项资金进行抢险保护。近年来，通过巡查和抽查，乃至制止和惩处，震慑了违法分子，有效地对长城进行了保护。

四是积极配合重点工程建设，做好考古发掘。银青高速公路、银太铁路、中盐高速公路等重点项目建设均穿（跨）越长城。对此，积极配合项目勘察设计单位，寻求最佳设计方案，力争少破坏或不

破坏长城。确需穿越长城的，及时与自治区文物管理部门联系，先期进行考古发掘，然后逐级上报审批，从未出现私自破坏长城搞建设的情况。

五是实施长城两侧的绿化工程，防止风沙对长城的破坏。制订长城绿化设计方案，计划逐年在长城两侧植树造林，减轻风沙对长城的侵蚀。从2002年起，通过全民义务植树，已启动长城绿化工程。截至目前，深沟高垒（头道边）两侧已植树20多平方公里。

六是实施长城两侧围栏工程，切实加强长城保护力度。1999年，结合全县草原围栏工程项目，在盐池明长城头道边长城墙体两侧拉1米高的铁丝网围栏保护。该项目西起灵武交界处，东到花马池镇东郭庄村与定边交界处，是盐池县最早实施保护长城的工程。该项目实施后，即在宁夏得到了推广。2015年，对明长城盐池高平堡段1000米进行抢险加固修缮。2018年，实施《盐池县明长城保护利用设施建设项目》，竖立界桩800个，标志碑48个，保护围栏62公里，建设管理用房、公厕、垃圾收集间215.78平方米，对长城沿线的脏乱差进行了有效的治理，长城沿线的面貌大为改观。2019年实施了《明长城长城村段及青羊井4号敌台本体保护修缮》项目，2022年实施了隋长城、二道边及长城沿线古城围栏保护工程60多公里。向自治区文物局申报《明长城青羊井3号、10号敌台保护修缮》《长城沿线烽火台本体保护修缮》《长城关两侧本体加固修缮》《明长城盐池县东门村段长城保护修缮》项目。近年来，国家、自治区、县多次拨专项资金，在盐池明长城附近竖立保护碑和界桩，截至目前，共竖立保护碑65个、界桩1000个。

七是动员社会力量，走全民保护长城保护之路。近年来，盐池县委、县政府及文化旅游主管部门充分利用盐池县长城保护学会和盐池县长城民俗博物馆等社会组织，致力于研究、宣传和保护长城。尤其是盐池县长城保护学会创造性地开展了长城认领自愿保护工作，目前个人认领长城3710公里，认领烽火台14座，竖立长城认领碑14座，开创盐池县长城保护工作的新境界。盐池县长城保护学会借助5·18国际博物馆日和宁夏长城保护日，组织会员对长城进行巡查和捡拾垃圾，张贴和发放宣传标语。同时开展考察调研活动，学习兄弟省市县有关长城保护的经验和做法，促进长城保护工作上台阶。开展长城保护研学游活动，组织学生现场感受长城的雄伟壮阔、绵延不断，观察长城的地势、地貌，聆听长城历史故事，用心品味长城的历史沧桑，感悟长城建造者的智慧。在长城沿线捡拾垃圾，深刻认识长城保护人人有责，培养学生脚踏实地、精益求精的学习态度。长城围栏保护工程及长城保护志愿巡护队先进做法在全国长城保护工作会议上做经验交流。

八是学习研讨，不断提高对长城文化的再认识。近年来，盐池县长城保护学会组织会员对县域内长城和长城附属建筑进行全面考察，并进行研究和讨论，动员会员积极撰写研究文章。走近长城，用镜头拍摄长城，用彩笔绘画长城。目前已有相关书籍3部，发表论文多篇，印刷《盐池县长城保护文集》2册，出版《盐池长城》画刊1册。盐池县长城民俗博物馆举办大型长城摄影作品展《朔地风骨》等。发表长城摄影作品多副，巨幅绘画《长城两边是故乡》得到中国长城学会领导的高度赞扬。在中国长城学会每一年的长城论坛上，都有盐池长城保护学会会员的论文获奖：第一届中国长城文化论坛，侯凤章、高万东的论文在大会上交流；第四届中国长城文化论坛，侯凤章、佟建鑫、高万东、陈静的论文获得优秀奖；第五届中国论坛，侯凤章的论文《从宁夏盐池境内明长城修筑历史背景看明朝边备策略的民族关怀思想》、佟建鑫的论文《论明代宁夏镇花马池互市的兴起与延续兼论边地民族融合》获得二等奖，并在山西省朔州市中国长城文化论坛上交流，高万东、陈静的论文《明代宁夏长城贸易及其影响》获得三等奖。王生岩的论文《宁夏盐池县馆藏铁质火筒的时代及价值分析》《宁夏"隋长城"研究述评与新认识》分别在《文物鉴定与鉴赏》和《河北地质大学学报》上发表。

盐池县长城利用

在做好长城保护工作的基础上，盐池县委、县政府将长城利用工作列入重要议事日程。2009 年以后，逐步加大长城沿线旅游观光带的开发。

2002 年，盐池县在制订全县旅游发展总体规划时，就将长城访古游列为重要的旅游产品，准备充分利用长城及其沿线城堡、长城关、战台等进行旅游开发。

目前，盐池县全面启动并加快推进《盐池县旅游总体规划》《盐池县旅游业发展"十三五"规划》《长城旅游带节点区及重点区域修建性详细规划》《乡村旅游与休闲农业发展规划》《旅游扶贫发展规划》等，坚持在宁夏空间发展规划、自治区及吴忠市旅游总体规划的指引下，加快推进县域各景区（点）修建性详细规划编制工作。着力推进重点旅游景区（点）、重大文化旅游项目、重要旅游廊道、核心生态旅游区编制相关旅游规划。

长城风景旅游区规划范围为西起兴武营，东至县城的长城沿线，共有隋明长城 3 道、古城 6 座、古墓群 2 处。已修通长城沿线的道路，为游客的进入提供便利的交通条件。

一是以长城遗址以及花马城池古城、长城关遗址、高平堡古城、安定堡古城、英雄堡古城、兴武营古城、毛卜喇古城、张家场古城及古墓群、白春兰治沙英雄业绩园等文化和生态资源为依托，以长城访古、文化展示、生态观光、休闲度假为内容，打造宁夏长城遗址文化的集中展示带，构建盐池长城遗址文化旅游带大格局。

二是在长城关建设旅游服务中心、长城博物馆、中华长城博览园；在安定堡建设长城灵韵之路、长城营寨、十六铺驿站；在英雄堡开发建设黄公祠，长城村驿站；在兴武营建设兴武营遗址、观音庙、龙踏井、才公祠、二道边碑亭、兴武营驿站；在毛卜喇建设长城谷、东庄子驿站。

三是在长城关举办长城关开关仪式、民艺新生集市、互市集市活动。在安定堡举办演武秀、康熙巡边、长城沙雕艺术节活动；在英雄堡举办长城越野大赛活动；在兴武营举办公祭活动。

四是在长城关开发建设民艺休闲区；在安定堡开发建设时光空间演艺中心、童趣素质拓展基地、热气球基地；在英雄堡开发建设八步狩猎基地、越野赛车基地、红柳滩自驾营地、长城胡杨公园；在毛卜喇开发建设毛卜喇草原马场、毛卜喇牧场、狩猎场、跑马场；

开发建设沙泉湾治沙示范基地。

五是在安定堡举办金戈铁马演艺、炫彩时空灯光秀、热气球节、地质探险夏令营活动；在英雄堡举办八步狩猎季、长城秋色节、红柳滩音乐节活动；在兴武营举办观音堂火把节、龙踏井汲水节活动；在毛卜喇举办毛卜喇赛马大会、牧羊季活动。

为了加大长城沿线旅游开发力度，盐池县委、县政府主要领导多次深入长城沿线及古城堡进行调研，同时请专家学者论证，聘请有关院所对长城沿线旅游观光带的开发进行规划设计。坚持规划和开发并举原则，在深沟高垒沿线修通砾石和柏油路近50公里；投资近200万元，在高沙窝镇北部新建长城旅游观光接待站1处；用砖石砌护周回4.5公里的花马池古城墙，开发古城带状公园；新建长城关楼1座，开发长城公园1处；扩建盐池县革命纪念馆并重新布展；新建花马湖房车营地1处；新建张家场博物馆1座；自治区旅游委投资打造兴武营美丽新村1处。

2017年，盐池县委、县政府出台《盐池县深入贯彻落实自治区全域旅游发展推进会精神加快全域旅游示范县创建实施方案》。方案提出盐池县全域旅游奋斗目标为创新多形式、多业态、多元化商业模式，大力发展休闲旅游、体验旅游、康养旅游，建设一批精品旅游景区，实现文化旅游与多产业深度融合。不断增强旅游综合带动力，全力打造宁夏全域旅游东大门和东部环线重要节点，使旅游业成为盐池国民经济支柱产业和人民群众更加满意的现代服务业。到2020年，基本建成500公里辐射范围内特色突出、吸引力强的旅游集散地，全县游客接待量突破160万人次，旅游综合收入突破6亿元。

方案提出的工作任务：一是打造精品化旅游景区。启动长城旅游风景区长城关博物馆布展、市民森林休闲民俗文化园、明长城保护利用、明清影视基地等项目建设。加快滩羊小镇等一批重大旅游项目和中部自驾旅游带规划编制工作，为推进旅游发展奠定基础。深度挖掘历史文化、革命文化、生态文化等旅游资源，进一步推进革命历史纪念园、哈巴湖等景区提档升级，力争将盐州古城历史文化旅游区创建为国家5A级旅游景区，全力打造集自驾观光、休闲康养、娱乐体验等于一体的西部独具特色旅游目的地。二是实施品牌宣传营销工程。编制完善盐池旅游宣传营销方案；加强在报台网端，全方位、多角度、立体化宣传推广盐池旅游，营造"到盐池看跳伞、观长城、赏胡杨、浪草原、吃羊肉"的全域旅游发展氛围，全面提升"滩羊之乡·多彩盐池"特色旅游品牌美誉度和影响力；精心策划航空嘉年华、滩羊美食文化旅游节、房车露营大会（节）、长城徒步赛、黄花节等系列节会赛事活动，推动低空旅游、康养体验、长城徒步等特色旅游持续升温，集中展示盐池旅游品牌魅力，形成集餐饮、娱乐、体验为一体的消费链条，满足游客需求，切实增强文化旅游市场吸引力和竞争力。三是丰富旅游产品供给。四是加大旅游市场主体培育。五是实施旅游惠民工程。大力实施乡村振兴战略，发展乡村休闲旅游。按照"产业兴旺、生态宜居、乡风文明、治理有效、生活富裕"总体要求，充分挖掘民俗文化资源，培育壮大兴武营、曹泥洼、何新庄等一批独具特色的旅游扶贫示范村，以点带面，整体推进，切实拓宽群众就业增收渠道，努力将旅游业打造成富民的支柱产业，不断提高人民群众的获得感和幸福感。

方案提出的工作措施：一是加强组织领导。成立全域旅游示范县创建工作领导小组，由县委书记任组长，县长任第一副组长，县分管旅游副书记、哈巴湖管理局负责人及四套班子分管领导任副组长，成员由各乡镇及相关部门主要负责人组成。领导小组要把创建工作放在突出位置优先谋划、优先落实，强化部门责任、狠抓任务落实，统筹推进全域旅游示范单位创建各项工作。二是广泛宣传动员。加强与区内外传统媒体和新媒体的合作，加大创建全域旅游示范县宣传力度，营造舆论氛围，激发全民参与全域旅游发展的热情，在全社会形成加快旅游发展的合力。三是夯实基础保障。建立旅游重大项目库管理制度，实施动态管理，旅游重点项目优先列入重点扶持范围。落实好国家扶持旅游业发展政策，文广、国土、住建、环林、哈巴湖管理局等部门加强对接沟通，在符合城市总体规划、土地利用总体规划和环境保护规划，满足生态保护红线管制要求的前提下，保障旅游项目用地年度新增计划指标；鼓励开展城乡建设用地增减挂钩工作，拓展旅游扶贫用地空间；根据旅游业项目用地性质，及时供应土地，确保建设项目依法依规落地。四是强化责任落实。各相关部门（单位）要各司其职、各尽其责，形成加快全域旅游示范县创建工作整体合力，严格按照职责分工，健全"一把手"亲自部署、分管领导全面主抓、指定专人具体负责的责任落实和工作推进机制，严格按照时间节点，细化分解目标任务，制订专项工作方案及推进计划，做到分工明确、责任到人，形成一级抓一级、层层抓落实、全民总动员的工作格局，不折不扣地将全域旅游示范单位创建工作任务落到实处。五是加强督查考核。建立健全全域旅游发展考核评价和激励机制，将全域旅游示范单位创建工作纳入部门（单位）年度效能目标考核体系，发挥考核结果在推动全域旅游创建工作中的"风向标"和"指挥棒"作用。加强督促检查力度，将全域旅游创建工作纳入县委、县政府年度督查工作安排，县委、县政府督查室要严格按照相关任务目标要求，定期对各责任单位工作落实情况进行督查，全面掌握全域旅游各项工作进展情况和存在的问题，并将有关情况作为年度考核重要依据，对落实不力、工作不到位的单位及个人进行追责问责。

总之，盐池县在长城保护和开发利用方面已经取得显著成绩，但是对长城的保护利用任重道远，还需要不断努力、积极进取，争取再上新台阶，再创新成就，造福全县人民。

厚重的盐池长城文化

盐池县境内共有隋明代长城 4 道，总长 259 公里。第一道称为河东墙（俗称二道边），明成化十年（1474）都御史徐廷章、都督范瑾上奏朝廷修筑，巡抚都御史余子俊督修。全长 194 公里，盐池县境内 46 公里。第二道长城名为深沟高垒（俗称头道边），嘉靖十年（1531）兵部尚书王琼以"城离军营远，贼至不即知"为由，上奏朝廷始筑。县境内长 68 公里。第三道长城名为固原内边，弘治十五年（1502）三边总制秦纮上奏朝廷始修，至嘉靖十六年（1537），历任三边总制都进行过维修或重修，县境内长约 64 公里。隋长城在盐池境内约有 78 公里。2020 年，明长城头道边被确定为首批国家级长城重要点段和长城国家文化公园（宁夏段）示范段之一。

盐池县境内有古城堡近 23 座、关楼 3 座，即兴武营关楼、安定堡关楼、长城关楼，均为明代建筑，长城关最为著名，2016 年重新修复。战台 4 座，即四步、六步、七步、八步战台，均为明代军事建筑，其中八步战台较其他 3 个战台保存状况较好，目前正在保护性修复中。烽燧 169 座。有暗门 4 座，即毛卜喇暗门、兴武营暗门、安定堡暗门、花马池暗门。有堡头 1 座，位于盐池县大水坑镇东风村堡头自然村。

美丽的花马池古城（邓海军拍摄）

水天一色长城关（马汉泽拍摄）

霞光普照长城关（戴卫东拍摄）

九曲夜景照长城（邓海军拍摄）

长城脚下新农村（陈静拍摄）

横穿盐池草原的深沟高垒（郭晓龙拍摄）

并驾齐驱的河东墙与深沟高垒（郭晓龙拍摄）

罕见的双龙锁边关（陈静拍摄）

保存至今的深沟高垒（马汉泽拍摄）

残留女儿墙的长城（陈静拍摄）

沿山铲削修筑的固原内边（马汉泽拍摄）

迤逦奔驰的明长城（薛月华拍摄）

千年隋长城（马汉泽拍摄）

艳阳高照古长城（薛月华拍摄）

历经千年的张家场古城（陈静拍摄）

群星曼舞古长城（陈静拍摄）

赤海中的长城（薛月华拍摄）

落日霞光照长城（马汉泽拍摄）

孤月见证长城长（马汉泽拍摄）

层垒分明筑长城（薛月华拍摄）

扼守要道的兴武营古城（陈静拍摄）

依偎在长城怀抱中的安定堡古城（陈静拍摄）

铁柱泉古城东门（马汉泽拍摄）

伫立在盐碱地上的毛卜喇堡（陈静拍摄）

山雨欲来英雄堡（陈静拍摄）

瑞雪覆盖高平堡（陈静拍摄）

高空俯瞰堡子山（郭晓龙拍摄）

沧桑古朴的惠安堡（郭晓龙拍摄）

形如倒扣碗底的堡子山（侯凤章提供）

夕照烽火台（戴卫东拍摄）

守望草原的烽火台（王鹏拍摄）

绿浪簇拥的烽火台（王鹏拍摄）

多彩烽火台（戴卫东拍摄）

烟雨烽火台（戴卫东拍摄）

蓝天白云下的烽火台（戴卫东拍摄）

流云荡涤的烽火台（薛月华拍摄）

暴风雨来临前的烽火台（戴卫东拍摄）

遗世独立的烽火台（戴卫东拍摄）

戍守瀚海的烽火台（郭晓龙拍摄）

望眼欲穿的烽火台（陈静拍摄）

阴影浓重的烽火台（陈静拍摄）

坞城护卫的烽火台（马汉泽拍摄）

群山环抱的烽火台（陈静拍摄）

瑞雪覆盖的烽火台（郭晓龙拍摄）

遥相呼应的烽火台（陈静拍摄）

一夫当关、万夫莫开的堡头城（薛月华拍摄）

宁夏

石刻胡旋舞墓门

国宝今现胡旋舞（马汉泽拍摄）

历经磨难的盐池长城城堡

曾几何时，盐池草原上的长城、城堡历经岁月磨难，风霜雪雨侵蚀，人为损毁，长城、城堡日渐风化老去。墙体坍塌，豁口洞开，砖石弃掷，风沙淤埋，昔日巍峨风光渐行渐远。历史从这里走过，祖先留下的宝贵精神财富，在保护条件远不成熟的年代，任凭自然灾害侵袭和人为践踏而满目疮痍。重塑保护意识、强化保护措施、盘活历史遗迹、造福当今社会，让民族精神长存，就必须汲取历史教训，走全民保护之路。

民国初年，头道边青羊井段长城上的战台（马汉泽提供）

壮阔雄美已被风吹雨打去（郭晓龙拍摄）

20 世纪 40 年代的明长城（盐池县博物馆提供）

风雨侵蚀后的明长城（马汉泽拍摄）

风化坍塌的明长城（马汉泽拍摄）

风沙淤埋的明长城（马汉泽拍摄）

长城上的暗门（盐池县长城保护学会提供）

残破的头道边暗门（马汉泽拍摄）

风沙淤埋的品字坑（马汉泽拍摄）

苍凉的固原内边大道（马汉泽拍摄）

被掏挖的花马池古城墙（马汉泽拍摄）

长城建筑残片（马汉泽拍摄）

耕种到长城脚下的固原内边（马汉泽拍摄）

仅留墩台的长城关遗址（陈静拍摄）

仅存的一段花马池古城墙（陈静拍摄）

踏出一条小路的花马池东城墙（马汉泽拍摄）

明代哨马营古城（陈静拍摄）

盐碱地上的惠安堡古城西墙（马汉泽拍摄）

风沙侵蚀的张家场古城（郭晓龙拍摄）

砖石被拆的兴武营古城（郭晓龙拍摄）

兴武营兵营残墙（马汉泽拍摄）

兴武营砖石墙基（马汉泽拍摄）

风沙淤埋的安定堡古城（郭晓龙拍摄）

护城河与野狐井古城（郭晓龙拍摄）

残存的铁柱泉古城（郭晓龙拍摄）

干旱的毛卜喇古城（郭晓龙拍摄）

风沙淤埋的英雄堡古城（郭晓龙拍摄）

仅存两面城墙的柳杨堡古城（马汉泽拍摄）

沟壑环绕的萌城驿古城（郭晓龙拍摄）

残垣断壁的隰宁堡古城（郭晓龙拍摄）

被历史掩埋的惠安堡盐湖西古城（薛月华拍摄）

被黄沙吞噬的惠安堡盐湖北古城（薛月华拍摄）

居住过人家的长城墩台（马汉泽拍摄）

坍塌的八步战台（薛月华拍摄）

坍塌的七步战台（薛月华拍摄）

依法保护中的盐池长城城堡

盐池县委、县政府根据《长城保护条例》的有关规定，坚持对长城、城堡、墩台保护利用的原则，1986年盐池县文管所完成一普工作，2007年配合宁夏考古研究所进行长城资源调查，经国家文物局审核，对长城及其附属设施分别进行编码登记。2007年盐池县人民政府制定《盐池县长城保护工作实施方案》，明确长城保护属地管理原则，形成长城保护三级管理体系。2008年开展盐池县第三次全国文物普查工作，2017年建立盐池县长城"四有"档案。

盐池县文化旅游广电局是长城保护的行政管理部门，文物管理所具体负责长城保护工作。2014年盐池县成立盐池县长城保护学会，是宁夏唯一一家民间保护长城的社会团体。2019年，高万东、陈静夫妇创办盐池县长城民俗博物馆，也致力于长城的保护研究工作。

1984年和2008年，盐池县委、县政府对长城保护分别制定属地管理为主的保护政策。县文物部门为巡查监管主体，乡镇分管领导为辖区监管主体，村级聘用保护员为巡查主体的县、乡、村三级联动监管制度，形成全民参与保护长城的良好局面。近年来，盐池县长城保护工作：一是加强组织领导、确保管理机构及管理制度的落实。二是加大宣传，提高群众的保护意识。三是加大日常监管，及时打击破坏长城的不法行为。四是积极配合重点工程建设，做好考古发掘。五是实施长城两侧的绿化工程，防止风沙对长城的破坏。六是实施长城两侧的围栏工程，切实加强长城保护力度。七是动员社会力量，走全民保护长城之路。八是学习研讨，不断提高对长城文化的再认识。

一、领导重视，广泛宣传

2014 年 9 月 27 日，盐池县领导韩向春、贺满文、张玉进、温玉峰与中国长城学会副会长董耀会
在盐池县长城保护学会成立大会上合影（薛月华拍摄）

2014 年 9 月 27 日，盐池县人大常委会主任韩向春与中国长城学会副会长董耀会
为中国长城文化研究中心盐池研究基地揭牌（薛月华拍摄）

2023 年 11 月 14 日，盐池县政协主席张晨（右一）陪同中国长城学会副会长兼秘书长袁安升（左四）、
副会长王志国（右三）、副秘书长宋有荣（左三）、副秘书长张保民（左二）考察盐池明长城（郭晓龙拍摄）

2023 年 11 月 14 日，中国长城学会副会长兼秘书长袁安升（左七）一行在盐池
参加考察长城文化工作座谈会（郭晓龙拍摄）

2021 年 5 月 18 日，盐池县委书记龚雪飞（前排右一）与县政协主席贺满文（前排左一）
参加长城保护活动（薛月华拍摄）

2020 年 5 月 18 日，盐池县委书记滑志敏在保护长城文化墙上签字（薛月华拍摄）

2019 年 5 月 18 日，盐池县县长戴培吉在长城保护文化墙上签字（薛月华拍摄）

2021 年 5 月 18 日，盐池县委书记龚雪飞参加长城保护活动（薛月华拍摄）

2023 年 5 月 18 日，盐池县县长刘娜（前排左一）参加长城保护活动（薛月华拍摄）

盐池县长城保护学会向群众发放宣传资料（薛月华拍摄）

布置保护长城宣传角（薛月华拍摄）

盐池县长城保护学会秘书长任晓霞在5·18长城保护大会上发言（陈静拍摄）

二、普查登记，建立档案

20 世纪 80 年代，盐池县文物管理所所长任永训（左二）带领工作人员进行野外调查（任晓霞提供）

20 世纪 80 年代，盐池县文物管理所所长任永训写考古调查报告（任晓霞提供）

2016 年，盐池原县委常委、宣传部部长张玉进（右二），盐池县原副县长张倩（左一）
与县文广局局长张志奋（左二）实地调研盐池县长城分布情况（郭晓龙拍摄）

盐池县文物管理所工作人员进行野外调查（马汉泽拍摄）

盐池县文物管理所工作人员进行野外调查（马汉泽拍摄）

盐池县博物馆副馆长马汉泽在兴武营古城（马汉泽提供）

盐池县文物保护管理所工作人员在惠安堡郝家台农家寻访调查（马汉泽拍摄）

盐池县文物管理所工作人员实地测量张家场古城西墙（马汉泽拍摄）

盐池县文物管理所工作人员在惠安堡古城考古调查（马汉泽拍摄）

盐池县文物管理所工作人员实地调查长城保护情况（郭晓龙拍摄）

盐池县文物管理所工作人员在盐中公路修筑前进行野外调查（马汉泽拍摄）

盐池县文化局原局长赵彦和（中）会同专家考察窨子梁古墓（马汉泽拍摄）

张家场汉墓发掘现场（马汉泽拍摄）

顾记圈烽火台位置图

图 例
⊙ 村民委员会
○ 自然村
—— 县 道
----- 小 路
制图人：宋久祥
时 间 2008年12月11日
比 例：1:150 000

N

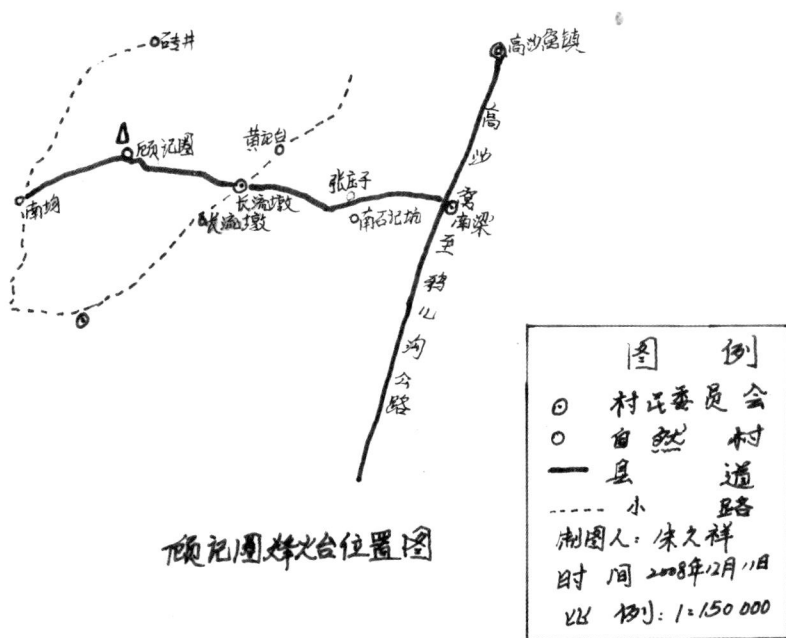

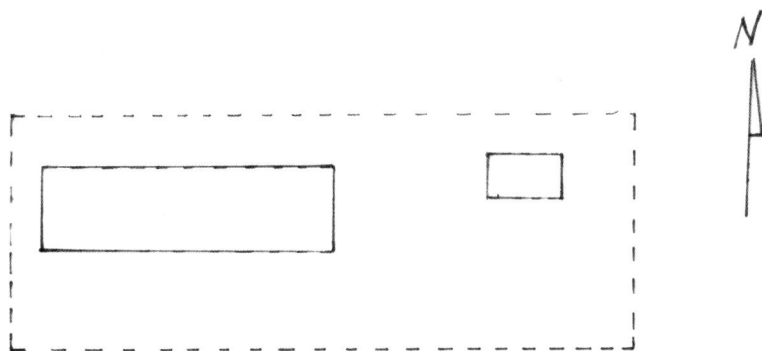

大疙瘩遗址平面图

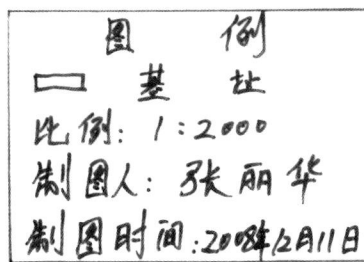

图 例
▢ 基 址
比 例：1:2000
制图人：张丽华
制图时间：2008年12月11日

盐池县文物管理所工作人员绘制的平面图（马汉泽提供）

宁夏回族自治区文物管理所专家王仁芳（前一）与周勇（前二）在惠安堡镇东圈村寻访调查（马汉泽拍摄）

宁夏回族自治区考古研究所专家与盐池县文物管理所专家调查惠安堡段文物（马汉泽提供）

盐池县长城保护学会副会长张立宪（左一）带领会员考察长城（郭晓龙拍摄）

三、全民动员，保护长城

2014 年 9 月 27 日，盐池县长城保护学会成立（薛月华拍摄）

2014 年 9 月 27 日，盐池县长城保护学会成立，为正副会长和秘书长颁发证书（薛月华拍摄）

2019 年，高万东、陈静夫妇创办的盐池县长城民俗博物馆开馆（薛月华拍摄）

2014 年，盐池县长城保护学会在银川举办盐池县长城认领保护新闻发布会（薛月华拍摄）

盐池县长城保护学会举办长城认领启动大会（薛月华拍摄）

中国长城学会副会长董耀会与盐池县领导在长城认领启动大会上签字（薛月华拍摄）

颁发长城认领保护证书（薛月华拍摄）

向社会公布长城认领保护名单（郭晓龙拍摄）

保护古老文明 建设时代长城

盐池县长城保护倡议书

万里长城，像一条矫健的巨龙，越群山、经绝壁、穿草原、跨沙漠，起伏在崇山峻岭之间。凡到过长城的人无不惊叹于它的宏伟规模、磅礴气势。

长城营堡在历史上既是军事防御点，又是民族之间在政治、经济、文化等方面的交融中心。这些营堡的城墙大多和款贡城、易马城一样屹立不倒，充满深厚的历史文化气息。特别是位居明代宁夏镇和固原镇，是明代九边重镇中的重中之重，宁夏镇的河东长城和花马池城堡成为明代中晚期防秋的前沿地带，这里有长城关、兴武营、安定堡等营堡，也有绵延起伏259公里的三道明代长城，俗称头道边，二道边和固原内边，这是祖先留给我们的精神财富，我们一定要守护好。

长城是中华民族守卫国土坚贞、耐苦和矢忠精神的象征。你看那箭垛、阶梯、烽火台上，堆叠着一代又一代戍边将士的热血。"饮马长城窟，水寒伤马骨，"边塞诗留下了古代中国军人的悲壮气概和赴死气节，记载了他们崇高的武功和武德。壮烈之词有："葡萄美酒夜光杯，欲饮琵琶马上催。醉卧沙场君莫笑，古来征战几人还。"苦壮之词有："雪夜行军戈相拨，风头如刀面如割"；"誓扫匈奴不顾身，五千貂锦丧胡尘。可怜无定河边骨，犹是春闺梦里人。"豪迈之词有："月黑雁飞高，单于夜遁逃，欲将轻骑逐，大雪落弓刀。"凹凸不平的长城砖石里闪烁着戍边将士的思乡泪光，思乡之词有："回乐烽前沙似雪，受降城外月如霜。不知何处吹芦笛，一夜征人尽望乡。"

长城是田野文物，长期遭受着自然灾害的侵蚀，如不加强保护修缮，坍塌、损毁、消失的速度必然加快。1984年，邓小平同志写下"爱我中华，修我长城"的题词，掀开了具有历史意义的中国长城文化保护事业的新一页。盐池县在长城保护方面也做了大量的工作，成立了盐池县长城保护学会，全面的组织开展境内的长城宣传和保护工作。但这还不够，还的呼吁全社会的人们参与长城的保护和宣传工作。

为此，我们向县人民发出倡议：

坚持"保护为主，抢救第一，合理利用，加强管理"的文物保护工作16字方针，加大《中华人民共和国文物保护法》《长城保护条例》等法律法规执法力度，把长城的保护和利用纳入法制化轨道，坚决杜绝在基本建设、长城资源利用等工作中，随意开挖等人为破坏长城的行为发生。

爱我中华，护我长城！我们呼吁全社会都来关注和关心长城的今天和未来，推动长城的保护与研究。长城是世界文化遗产，既是中国的，也是全世界的。让我们携起手来，从爱护长城的一砖一石、一草一木做起，为长城保护事业捧上一份爱心，献出一片真情！我们向全县人民发出倡议：保护古老文明，建设时代长城！

盐池县文化旅游广电局
盐池县长城保护学会 宣

盐池县长城保护倡议书（盐池县长城保护学会提供）

为长城认领保护者颁发证书（薛月华拍摄）

盐池县长城保护学会会员认领保护曹圈烽火台（薛月华拍摄）

盐池县长城保护学会会长张生英认领保护黄蒿渠烽火台（薛月华拍摄）

载歌载舞宣传保护长城理念（薛月华拍摄）

长城保护志愿者参观盐池县长城民俗博物馆（薛月华拍摄）

盐池县长城保护学会会长张生英（左二）陪同定边县长城保护学会会长李生程（左一）
参观盐池县长城民俗博物馆（薛月华拍摄）

盐池县长城民俗博物馆举办万里长城百关纪念封展（郭晓龙拍摄）

宣传保护长城理念（郭晓龙拍摄）

宁夏回族自治区文物局对盐池县文物保护单位进行工作检查（盐池县博物馆提供）

巡察长城（盐池县博物馆提供）

殷兆慧、殷占文、殷占峰向盐池县长城保护学会捐赠无人机（薛月华拍摄）

盐池县美术家协会举办《长城两边是故乡》大型绘画创作活动（薛月华拍摄）

長城兩邊是家鄉

盐池县美术家协会会员创作大型绘画《长城两边是故乡》（部分）（盐池县文联提供）

盐池县美术家协会会员创作大型绘画《长城两边是故乡》（部分）（盐池县文联提供）

2020年，第二届"烽火长城"文化旅游体育系列活动启动（薛月华拍摄）

盐池县骑行爱好者为保护长城做宣传（薛月华拍摄）

举办大漠长城国际徒步挑战赛宣传保护长城理念（郭晓龙拍摄）

盐池县长城保护学会组织志愿者在长城内外捡拾垃圾（薛月华拍摄）

盐池县长城保护学会举办 5·18 长城考察活动（薛月华拍摄）

盐池县长城保护学会为大墩梁烽火台举行立碑仪式（戴卫东拍摄）

长城爱好者亲密接触长城（郭晓龙拍摄）

滑翔伞飞行员在蓝天上倡导"传承长城精神"（郭晓龙拍摄）

中国长城学会副会长董耀会为长城徒步赛授旗（薛月华拍摄）

民众参加长城徒步赛（薛月华拍摄）

媒体记者参加长城徒步赛（薛月华拍摄）

盐池县长城保护学会会长张生英为长城徒步赛获胜者颁奖（薛月华拍摄）

中小学生参加长城研学活动（盐池县博物馆提供）

中小学生参加长城研学活动（盐池县博物馆提供）

中小学生参加长城研学活动（盐池县博物馆提供）

中小学生参加长城研学活动（盐池县博物馆提供）

红色革命故事讲解员同时讲解长城故事（盐池县博物馆提供）

盐池县长城保护学会会长张生英擦拭张家场古城保护碑（郭晓龙拍摄）

在长城沿线竖立标语，用诗的语言加大宣传力度（马汉泽拍摄）

记者采访长城保护情况（盐池县博物馆提供）

著名书画家宁雪峰（右一）向盐池县长城保护学会捐赠画作（盐池县长城保护学会提供）

萌城堡复原图

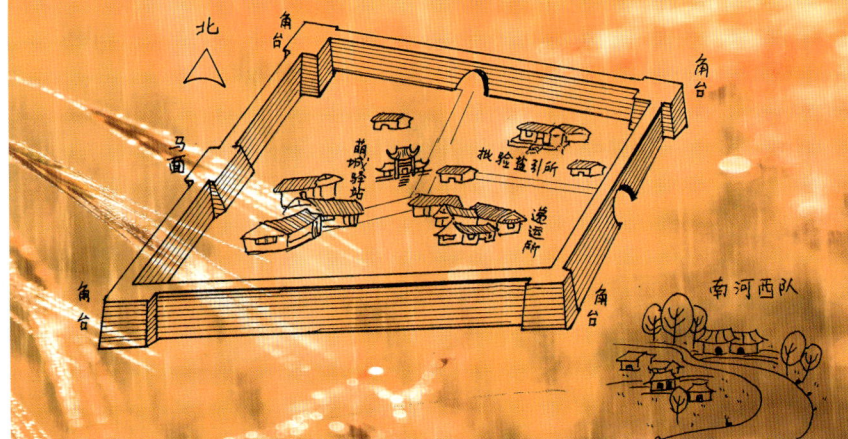

惠安堡城复原图

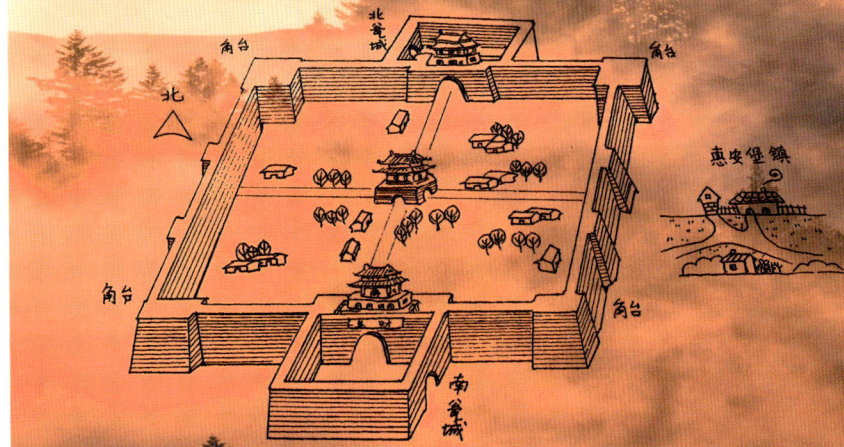

铁柱泉堡复原图

著名书画家宁雪峰创作复原图（部分）（宁雪峰提供）

国家森林公园

花马寺

10元

中国邮政

CHINA

国家邮政总局于1999年5月1日发行
普29《万里长城（明）》长城（第五组）
邮票一套4枚，其中面值10元的为花马寺
森林公园内的花马池长城。

国家邮政总局发行花马寺
国家森林公园内古长城邮票

邮票上的花马池古城（盐池县长城保护学会提供）

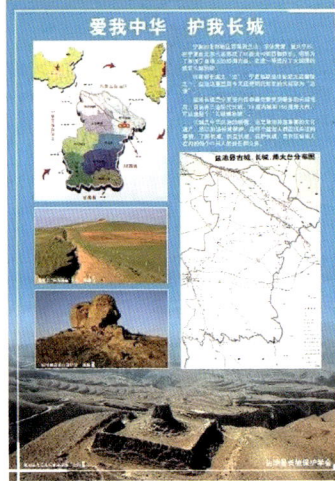

盐池县长城保护学会办刊宣传保护长城理念（盐池县长城保护学会提供）

用剪纸宣传盐州古城（高菊艳提供）

四、植树造林，绿化长城

封山禁牧，让长城披上绿装（戴卫东拍摄）

绿树掩映，长城静好（戴卫东拍摄）

绿色陪伴，长城蜿蜒（戴卫东拍摄）

绿伴长城到山巅（戴卫东拍摄）

沃野碧绿长城长（郭晓龙拍摄）

绿随长城到天边（郭晓龙拍摄）

绿色长城是故乡（马汉泽拍摄）

绿波中的长城（马汉泽拍摄）

盐池县长城保护学会会长张生英与副会长兼秘书长张立宪规划长城两边的柠条种植（薛月华拍摄）

在长城脚下植树造林（薛月华拍摄）

让长城脚下的柠条开出新花（薛月华拍摄）

五、实施围栏，保护长城

2005 年，在长城两边安装护栏（戴卫东拍摄）

护栏随着长城走（戴卫东拍摄）

护栏让绿色遍布长城内外（马汉泽拍摄）

2019年，安装绿色围栏保护长城（戴卫东拍摄）

绿色围栏护长城（陈静拍摄）

绿色围栏与草原融为一体（郭晓龙拍摄）

绿色围栏守卫长城（戴卫东拍摄）

绿色围栏守卫长城（戴卫东拍摄）

绿色围栏与长城并肩守卫美丽的盐池县城（戴卫东拍摄）

霞光下的绿色围栏与长城（戴卫东拍摄）

辽阔草原气势雄壮（陈静拍摄）

长城与绿色围栏并行（薛月华拍摄）

绿色围栏让长城内外更绿（郭晓龙拍摄）

白雪映衬围栏绿（戴卫东拍摄）

冰雪难掩绿栏美（马汉泽拍摄）

绿色围栏护长城（郭晓龙拍摄）

六、学习培训，深化认识

中国长城学会副会长董耀会为盐池县长城保护学会会员讲课（薛月华拍摄）

宁夏回族自治区文物管理所所长王仁芳为盐池县长城保护学会会员讲课（薛月华拍摄）

盐池县长城保护学会会员参加培训（薛月华拍摄）

盐池县长城保护学会会员认真听讲（薛月华拍摄）

2019 年 9 月，举办中国·盐池长城文化研讨会（薛月华拍摄）

2019 年 9 月，在中国·盐池长城文化研讨会上，盐池县副县长刘永辉（左）
与专家签约（薛月华拍摄）

2019 年 9 月，参加中国·盐池长城文化研讨会的专家考察盐池县红色革命遗迹（薛月华拍摄）

2019 年 9 月，参加中国·盐池长城文化研讨会的专家参观宁夏长城博物馆（薛月华拍摄）

2019 年 9 月，参加中国·盐池长城文化研讨会的专家实地考察明长城（薛月华拍摄）

2019 年 9 月，参加中国·盐池长城文化研讨会的专家实地考察长城关（薛月华拍摄）

2019 年，中国长城研究院院长赵琛在《数字长城》座谈会上发言（薛月华拍摄）

2019 年，中国长城研究院院长赵琛赴盐池参加《数字长城》座谈会（薛月华拍摄）

2019年，中国长城研究院院长赵琛向盐池县长城保护学会会长张生英颁发收藏证书（薛月华拍摄）

盐池县长城保护学会会员在北京参加中国长城研讨会（薛月华拍摄）

中国长城研究院院长赵琛在盐池考察长城（薛月华拍摄）

中国长城研究院院长赵琛在盐池考察长城（薛月华拍摄）

盐池县长城保护学会会员在嘉峪关考察学习（郭晓龙拍摄）

盐池县长城保护学会会长张生英考察甘肃永泰古城（郭晓龙拍摄）

盐池县长城保护学会会员考察榆林镇北台（崔振华拍摄）

盐池县长城保护学会会员参观山西右玉县博物馆（薛月华拍摄）

盐池县长城保护学会会员在麻黄山考察（薛月华拍摄）

盐池县长城保护学会会员考察长城北关门的一段墙体（薛月华拍摄）

盐池县长城保护学会会员考察固原秦长城（陈静拍摄）

盐池县长城保护学会优秀会员合影（薛月华拍摄）

2023 年 7 月，在山西省忻州市举办第五届中国长城文化论坛，侯凤章
在大会上作交流发言（陈静拍摄）

2023 年 7 月，在山西省忻州市举办第五届中国长城文化论坛，佟建鑫
在大会上作交流发言（陈静拍摄）

2023 年 10 月，举办盐池、榆林、府谷长城保护组织工作座谈会（陈静拍摄）

开发中的盐池长城城堡

盐池县全面启动并加快推进《盐池县旅游总体规划》《盐池县旅游业发展"十三五"规划》《长城旅游带节点区及重点区域修建性详细规划》《乡村旅游与休闲农业发展规划》《旅游扶贫发展规划》等。

一是构建盐池长城遗址文化旅游带大格局。二是在长城沿线打造新的旅游产品。三是在长城沿线举办传承长城精神的多种文化活动。四是在长城沿线开发休闲娱乐和富有内涵的多种基地和营地。五是在长城沿线举办丰富多彩的艺术表演活动。目前已在深沟高垒沿线修通砾石和柏油路近50公里；在高沙窝镇北部新建长城旅游观光接待站1处；用砖石砌护周回4.5公里的花马池古城墙，开发古城带状公园；新建长城关楼1座，开发长城公园1处；新建张家场博物馆1座；自治区旅游委投资打造兴武营美丽新村1处。盐池县全域旅游奋斗目标为创新多形式、多业态、多元化商业模式，大力发展休闲旅游、体验旅游、康养旅游，建设一批精品旅游景区，实现文化旅游与多产业深度融合。在长城保护和开发利用方面，盐池县已取得显著成绩，但保护利用长城任重道远，还需要不断努力，再创新成就，造福全县人民。

碧水蓝天长城关（郭晓龙拍摄）

花马池古城换新颜（盐池县长城保护学会提供）

再现雄关风采（薛月华拍摄）

大美中国　宁夏盐池

灯火辉煌花马池（邓海军提供）

古城再现不夜天（马汉泽拍摄）

如诗如梦花马池（戴卫东拍摄）

不眠夜之长城关（马汉泽拍摄）

追梦就来游九曲（薛月华拍摄）

全民健身有新馆（盐池县长城保护学会提供）

干净整洁的花马池城（马汉泽拍摄）

原驰蜡象看古城（马汉泽拍摄）

千年古城待腾飞（盐池县长城保护学会提供）

天水一色生态美（马汉泽拍摄）

落日熔金花马湖（盐池县长城保护学会提供）

亲近长城有步道（马汉泽拍摄）

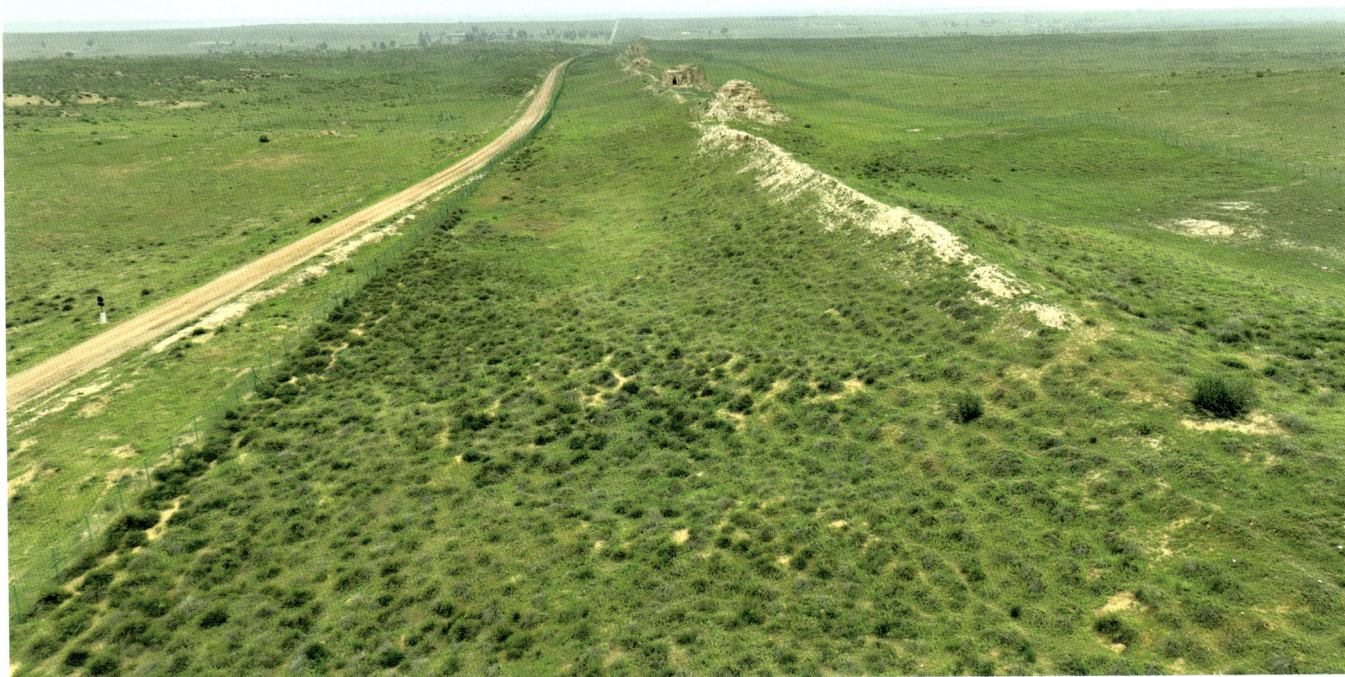

观赏长城有大道（郭晓龙拍摄）

彩路带你游长城（陈静、郭晓龙拍摄）

彩路带你游长城（陈静、郭晓龙拍摄）

彩路带你游长城（陈静、郭晓龙拍摄）

彩路带你游长城（陈静、郭晓龙拍摄）

长城国家文化公园（盐池段）（郭晓龙拍摄）

毛卜喇古城驿站（郭晓龙拍摄）

特色小镇兴武营（郭晓龙拍摄）

特色小镇兴武营（郭晓龙拍摄）

二铺坑驿站（郭晓龙拍摄）

安定堡驿站（薛月华拍摄）

高平堡驿站（陈静拍摄）

长城内外生态美（马汉泽拍摄）

长城脚下绿浪涌（马汉泽拍摄）

长城因生态而美（马汉泽拍摄）

枸杞绿染镜头（马汉泽拍摄）

金色壮美哈巴湖（马汉泽拍摄）

我为胡杨留倩影（马汉泽拍摄）

生机勃发的农田（盐池县长城保护学会提供）

长征自有后来人（马汉泽拍摄）

滩羊节上看民生（马汉泽拍摄）

长城内外结新果（马汉泽拍摄）

2020年，举办中国旅游日"我要走"徒步挑战赛（郭晓龙拍摄）

2019年，举办宁夏长城烽火越野跑（郭晓龙拍摄）

2017年，举办沿长城中国国际自行车邀请赛（郭晓龙拍摄）

保护长城赛事多（郭晓龙拍摄）

星空之下话长城（郭晓龙拍摄）

2022 年，举办盐池长城国潮文化节（郭晓龙拍摄）

考古基地兴古城（郭晓龙拍摄）

长流墩村新农家（马汉泽拍摄）

保护第一 加强管理 挖掘价值 有效利用 让文物活起来

修复战台兴资源（郭晓龙拍摄）

惟余莽莽麻黄山（马汉泽拍摄）

古道建起农家乐（马汉泽拍摄）

明星来到长城关（马汉泽拍摄）

敲鼓舞狮颂太平（马汉泽拍摄）

民族团结舒广袖（盐池县长城保护学会提供）

舞出新生活（郭晓龙拍摄）

后 记

掩卷沉思，感慨良多，只有人民才是创造世界历史的动力。

长城、城堡是我国古代劳动人民智慧的结晶，是祖先留给我们的宝贵精神财富。热爱长城，保护长城，就是传承中华文明。盐池县委、县政府带领全县人民实施保护利用长城，取得了丰硕成果。这些成果，我们用一张张图片予以展示，相信翻阅这本图册，一定会给你留下不一样的盐池印象，会激励你更加热爱伟大的长城，热爱伟大的祖国。